MOTION

FAITE AU DISTRICT

DES RECOLLETS,

Le 14 janvier 1790,

Sur la situation allarmante de la Capitale, relativement à la rareté extrême du Numéraire.

A PARIS,

De l'Imprimerie de P. Fr. DIDOT jeune.

1790.

MOTION

FAITE AU DISTRICT

DES RECOLLETS,

Sur la situation allarmante de la Capitale, relativement à la rareté extrême du Numéraire.

Messieurs,

Plusieurs Districts ayant pris en considération les suites fâcheuses que la rareté du numéraire peut occasionner, tant relativement au commerce, que relativement aux approvisionemens publics, ont fait des démarches auprès de la Commune, pour qu'elle veuille bien s'occuper de cet objet important.

En conséquence de ces démarches, la Commune a nommé des Commissaires, pour se procurer, tant à l'hôtel des Monnoies qu'à la Caisse d'Escompte , aux Messageries et auprès du Ministre, tous les renseignemens propres à l'éclairer sur les causes d'un déficit qui ne peut faire de nouveaux progrès sans opérer d'étranges bouleversemens dans toutes les fortunes.

Persuadé , Messieurs , que dans une position aussi critique, il est du devoir de chaque citoyen de hâter autant qu'il est en lui le retour de l'ordre , en indiquant à la Commune de Paris , dans la personne de ses Commissaires , les circonstances qu'elle estime avoir occasionné cette disette d'argent , et les seuls moyens qu'il croit convenables pour y remédier, j'aurai l'honneur de vous observer: 1°. que l'abondance de l'argent est toujours le résultat de la confiance dans le systême politique auquel on appartient ; que tant que ce systême politique est mauvais, ou tant qu'il n'est pas établi , il est assez naturel que chacun craigne pour sa fortune particulière , et qu'en conséquence les dépenses privées diminuent. Or il n'y a d'autre remède à ce mal , presque nécessaire dans un temps de révolution, que le prompt établissement d'un nouveau systême politique, où tous les abus anciens soient réformés , et qui , sans heurter d'une manière trop violente les habitudes d'une

grande nation , fonde néanmoins la liberté sur des bases si profondes qu'elle n'ait plus, de la part d'aucun pouvoir, de choc durable à redouter.

2°. Qu'une autre cause de la disette d'argent, est le grand nombre de particuliers riches, qui , témoins des troubles excités dans la capitale et dans les provinces , sont allés chercher la paix dans l'Etranger ; qu'inutilement, pour les forcer à revenir dans leur patrie , et les contraindre à y dépenser leurs revenus, on défendroit sous les peines les plus sévères toute sortie d'espèces hors du royaume ; ce moyen absurde et tyrannique , outre qu'il seroit la ruine infaillible du commerce , ne rappelleroit personne dans le royaume , et à cet égard il ne reste d'autre ressource qu'une organisation de Municipalité pour la capitale , tellement sage , tellement impartiale , que le riche s'y trouve protégé avec autant d'efficacité que le pauvre, et que nul n'ait à redouter davantage ces insurections soudaines , dont le citoyen le plus innocent peut, comme le dernier des scélérats , devenir à chaque instant la victime.

3°. Qu'une troisième cause de la disette d'argent est la détérioration de l'Impôt sans aucun remplacement , détérioration occa-

sionnée par des réformes sans doute bonnes en elles-mêmes, mais prématurées, mais faites avec une telle précipitation, que la fortune des créanciers de l'Etat, dont l'Impôt est le gage, s'est trouvée tout-à-coup dénuée d'appui, et que le gouvernement s'est vu en un instant privé de toutes ses ressources; que par l'effet de cette détérioration de l'Impôt, les provin-vinces payant moins, le Trésor-royal a dû nécessairement moins recevoir; qu'il a donc dû moins répandre d'argent dans la capitale (1). Que d'un autre côté la capitale étant cons-tamment débitrice des provinces, à cause de son immense consommation, l'argent qui, comme on voit, n'y pouvoit plus arriver avec la même abondance, a dû naturellement s'en écouler pour l'acquit de sa dette ordinaire. Que, quant à cette troisième cause, on ne peut espérer de la détruire que lorsque l'état des contributions actuelles étant bien connu, on aura trouvé le moyen de remplacer celles

____

(1) On doit même dire que depuis quelque tems le trésor royal ne verse point d'argent dans la ca-pitale, et que les vaisselles et les dons patriotiques qui y ont été portés, fabriqués en écus, s'en sont écoulés pour le païement des troupes et de la ma-rine dans les provinces.

qui ne peuvent guères se percevoir aujour-
d'hui , parce qu'elles étoient trop onéreuses
au peuple , par d'autres contributions sur les
jouissances et les objets de luxe , comme on
l'a pratiqué si heureusement en Angleterre.
Que de cette manière, l'impôt devenant suffi-
sant pour les dépenses du gouvernement ,
l'équilibre s'établira naturellement entre la
capitale et les provinces , et qu'alors l'argent
reprenant sa route accoutumée , se repro-
duira sans effort dans les lieux où il abondoit
auparavant.

4°. Qu'une quatrième cause de la disette
de l'argent est la situation des changes des
places commerçantes de l'Europe avec la
France ; que cette situation est le véritable
thermomètre de la balance du commerce ,
et la règle d'après laquelle le prix des matières d'or et d'argent se fixe au marché ;
qu'il est de notoriété publique que depuis long-
temps le change de la France avec les pays
étrangers lui est désavantageux ; qu'ainsi la
balance du commerce lui est aussi depuis
long-temps défavorable ; que son papier per-
dant constamment dans l'étranger , ses créanciers du dehors ont dû nécessairement trouver un avantage à se faire payer en espèces ;
que tant que la France devra plus qu'on ne

A iv

lui doit, que son commerce et ses manufactures languiront, que son papier ne pourra se négocier sans perte, il est tout naturel que son numéraire s'écoule chez ses voisins ; que ce n'est donc qu'en s'occupant de détruire tous les obstacles qui s'opposent à son industrie, en anéantissant tous les priviléges qui fatiguent son commerce, en supprimant tous les droits qui renchérissent les matières employées dans ses fabriques, en soulageant ses villes manufacturières des impôts qui les écrasent, qu'elle peut espérer de reprendre sa supériorité dans la plupart des marchés de l'Europe, et qu'alors il ne sera besoin ni de lois, ni de décrets, choses toujours inefficaces, quand il s'agit de circulation, pour ramener dans son sein tout l'argent nécessaire au développement de ses ressources et au maintien de sa prospérité.

5°. Qu'une cinquième cause de la disette d'argent est l'existence de la Caisse d'Escompte ; qu'il est certain que depuis l'établissement de cette Caisse, jamais le change de la France ne s'est relevé chez l'Etranger ; que si l'on avoit bien voulu y réfléchir, on n'auroit pas eu de peine à voir qu'il est de la nature du papier, introduit dans le commerce, de chasser l'argent ; qu'un éta-

blissement qui multiplie le papier doit nécessairement rendre l'argent plus rare, et
qu'un moment doit arriver, quoi qu'on fasse,
où, par le seul effet d'un pareil établissement,
le numéraire finit par être réduit à une quan-
tité si petite qu'il ne suffit plus au besoin jour-
nalier du commerce (1); que loin de consolider la Caisse d'escompte, comme on vient
de le faire, il seroit donc au contraire, et il
devient plus important que jamais *de la détruire*; que l'on se seroit pleinement con-
vaincu de cette nécessité, si l'on avoit daigné
consulter les places de commerce, que la Caisse
d'escompte a plus fatiguées par son agiotage,
que servies par ses ressources absolument nul-
les pour elles; et qu'en général, il seroit bien
à désirer désormais qu'on ne décidât rien sur
tous les objets où le commerce peut être inté-

---

(1) On peut juger, d'après cette idée, combien est
sage le projet de ceux qui veulent qu'on porte un
Décret pour forcer les Provinces à recevoir comme
argent le papier de la Caisse d'escompte, et qui de-
sirent encore que le papier de la Caisse soit subdi-
visé en petites sommes, pour être encore plus appro-
prié aux dépenses de chaque jour. Il n'existe pas de
manière plus prompte de nous délivrer du peu qui
nous reste de numéraire. Il est impossible de prévoir
ce qui arrivera, si un pareil Décret peut avoir lieu.

ressé, sans entendre les principaux Négocians du royaume, attendu que l'expérience ne se supplée pas, et qu'il y a des choses que la pratique seule peut apprendre.

6°. Qu'il seroit donc à souhaiter que la liquidation de la Caisse d'escompte fût ordonnée par le concours du Roi et de l'Assemblée Nationale (1), puisque ce qui arrive

---

(1) La liquidation de la Caisse d'escompte produiroit nécessairement une révolution subite dans les changes, qui seroit toute à l'avantage de la France. On ne tardera pas à en être persuadé, si l'on observe que les Négocians étrangers n'ont point fourni de valeurs numéraires pour les achats qu'ils ont faits, soit dans nos emprunts, soit dans tous les autres objets de spéculation qui ont donné lieu à l'agiotage; qu'ils ont seulement rempli leurs engagemens en traites sur leurs correspondans de Paris à trois usances, lesquelles ont été escomptées à la Caisse d'escompte, et renouvellées ensuite tous les trois mois; que par l'effet de ces opérations de crédit et de banque, ils n'ont jamais remis que des valeurs idéales, jamais envoyé un seul écu au Trésor Royal, et que cependant ils ont retiré chaque année de la France des sommes considérables par le bénéfice qu'il leur a été permis de faire, en jouant dans nos fonds publics.

Or, supposez la liquidation de la Caisse d'escompte ordonnée, et vous voyez tout de suite qu'il faudra

en ce moment démontre si bien le vice et l'insuffisance de son établissement ; qu'il seroit ensuite possible de trouver ailleurs un

---

que tous ces Négocians étrangers qui n'auront plus la faculté de renouveller leurs traites tous les trois mois, soient forcés d'acquitter ces mêmes traites en valeur réelle, c'est-à-dire, en argent ; vous voyez encore que la Caisse d'escompte recevant en valeurs réelles, et non pas en papier, se trouvera en etat d'acquitter successivement à bureau ouvert les billets qu'elle a mis en circulation. De plus, et par une nécessité absolue, il résultera de cette opération que le cours des changes dans l'Etranger redeviendra, comme on l'a annoncé, entièrement avantageux à la France ; car tous les Spéculateurs étant obligés de réaliser leur argent à Paris , le papier sur Paris sera extrêmement recherché ; il sortira donc de l'espèce d'avilissement dans lequel il est tombé, et son cours s'établira dans une proportion telle qu'on trouvera un bénéfice à envoyer des espèces en France. L'argent deviendra donc abondant; chassé par l'agiotage , il se rétablira dans les canaux du commerce et de l'agriculture, et il s'y rétablira, il faut l'espérer , pour n'en jamais sortir.

Quant aux avances que la Caisse d'escompte a faites au Gouvernement , ce seront les actionnaires en corps qui en deviendront seuls créanciers , et ceci ne contrariera en aucune manière les principes de la justice la plus sévère ; car comme les Administrateurs représentans les actionnaires ont prêté ces

moyen de satisfaire les Créanciers de l'Etat absolument étrangers au commerce ; que ce moyen consisteroit à déterminer dès ce moment l'aliénation d'une portion du Domaine, comme on a déterminé une portion de ceux d'entre les biens du Clergé qui ne sont pas nécessaires à l'entretien du culte public et au service de la religion, à créer un papier hypothéqué sur ces objets, à remettre ce papier, portant intérêt, aux Créanciers de l'Etat, en échange de leurs créances, etc. etc. ; que cette opération si simple est peut être la seule maintenant qui puisse nous garantir des dangers qui nous menacent ; qu'elle est d'une exécution d'autant plus facile, que le Clergé,

---

sommes, et non le public, qu'en ceci ils se sont même écartés des conditions précises de l'établissement de la Caisse, en vertu desquelles il leur étoit prescrit de n'escompter que le papier du commerce, il est tout simple qu'ayant eu la confiance de faire de telles avances, et ayant seuls profité des bénéfices qu'elles leur ont produits par l'intérêt que le Gouvernement leur payoit, tandis qu'ils forçoient le public par des Arrêts du Conseil à prendre pour comptant leurs Billets ; il est dis-je, tout simple qu'ils en soient seuls créanciers : et ce sera ensuite à l'Assemblée Nationale et au Gouvernement à s'occuper des moyens de les rembourser.

dont on commence à voir qu'il importoit de conserver les biens comme une ressource, a solemnellement consenti à l'aliénation dont il s'agit ici, et que d'un autre côté, on doit tout attendre d'un Prince qui ne met point de bornes à son dévouement et à ses sacrifices, quand il s'agit de venir au secours de son peuple.

D'après ces considérations, je conclus, afin que le crédit public soit rétabli et que le Numéraire se reproduise, à ce que la *Commune de Paris* soit instamment invitée à supplier l'*Assemblée Nationale* de décréter que la liquidation de la Caisse d'Escompte sera ordonnée ; et que, pour suppléer aux besoins du Gouvernement, qui ne doit plus fonder ses ressources sur un établissement dont on a démontré les inconvéniens nombreux, il sera délivré du Papier au Porteur, portant intérêt, et spécialement hypothéqué sur la Caisse extraordinaire, en conformité des Décrets de l'Assemblée, où doit se verser l'argent provenant des fonds aliénés du Domaine et du Clergé.

Ainsi la ville de Paris parviendroit à consolider la révolution à laquelle elle a si essentiellement contribué; ainsi les Provinces, trop long-tems fatiguées par l'existence de

la Caisse d'Escompte , seront efficacement
soulagées ; et il n'y a pas de doute que les
Intéressés eux-mêmes dans cette entreprise ,
qui ont si souvent annoncé leur désintéresse-
ment et leur patriotisme, n'applaudissent à un
projet qui, en garantissant la fortune publique,
assurera également leur propre fortune , et
les mettra pour toujours à l'abri des vicissi-
tudes et des dangers auxquels ils sont soumis
par un Agiotage qui s'accroît sans cesse, et
qui ne pourroit manquer de faire renaître le
tems du Système.

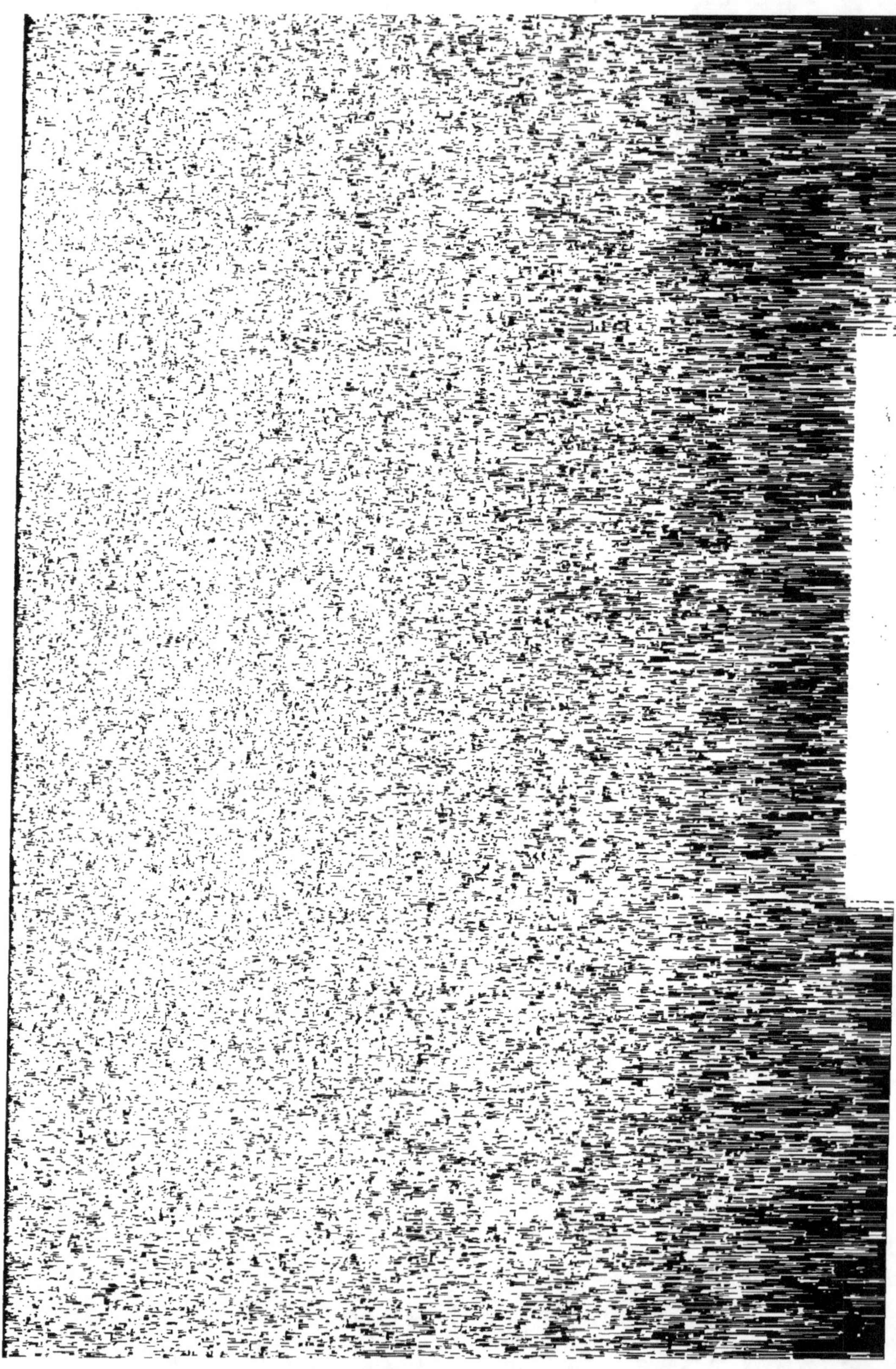